AF247899

PROJET DE LOI

SUR LES

COALITIONS D'OUVRIERS

OBSERVATIONS

Présentées à Messieurs les Députés au Corps Législatif

PAR

F. WADDINGTON

Manufacturier en Eure-et-Loir.

PARIS

IMPRIMERIE ET LIBRAIRIE ADMINISTRATIVES DE PAUL DUPONT,
rue de Grenelle-Saint-Honoré, 45.

—

1864

Messieurs les Députés,

Les observations que j'ai l'honneur de vous soumettre m'ont été suggérées par le désir bien naturel de voir régler équitablement et amiablement des intérêts qui devraient être identiques, puisqu'ils concourent au même but.

Le projet de loi sur lequel vous êtes appelés à vous prononcer me paraît avoir une tendance contraire, par l'absence de toute disposition restrictive en ce qui concerne le droit de coalition, lequel droit, exercé alternativement par les ouvriers ou par les patrons, entretiendrait un état d'antagonisme permanent. En outre, l'extension illimitée d'un droit juste et bon en lui-même conduirait fatalement aux mêmes abus que dans un pays voisin, et serait peut-être un danger en France. Une expérience de quarante ans, pendant lesquels j'ai dirigé mille à douze cents ouvriers, m'a donné la conviction sincère que le meilleur régime pour le patron, comme pour les ouvriers, est celui qui résulte d'une confiance mutuelle. Ce régime paternel est entré dans les mœurs.

Le remplacer par des droits nouveaux qui se contrarieraient dans leur exercice serait substituer la discorde à l'harmonie qui règne, pour ainsi dire, partout aujourd'hui.

Si toutefois le Gouvernement croit devoir accorder une nouvelle liberté aux aspirations des ouvriers, que l'usage de cette liberté ne dépasse pas les bornes de chaque atelier, et qu'il soit tempéré par de sages réserves en faveur de l'observation des conventions et du maintien de l'ordre : dès lors, les discussions d'intérêt auraient lieu en famille et en présence de tous les intéressés, mais sans intervention étrangère.

Dans la confiance que vos lumières et votre patriotisme vous inspireront la meilleure solution à donner à cette question ardue,

J'ai l'honneur d'être, avec une haute considération,
Votre très-humble serviteur,

Frédéric WADDINGTON,

MANUFACTURIER.

Saint-Remy (Eure-et-Loir), le 4 avril 1864.

QUELQUES MOTS

SUR LA LOI

DES COALITIONS

Le but avoué du Gouvernement est de mettre les patrons et les ouvriers sur le pied d'une parfaite égalité, pour le règlement entre eux de la question du travail et des salaires.

L'égalité personnelle existe déjà de droit et de fait. Il n'en est pas de même des positions.

La puissance du patron représentée par les fonds qu'il dépense en salaires équivaut à celle du travail de tous ses ouvriers réunis.

De là on conclut que les ouvriers devraient être investis du droit de se coaliser, ou de combiner toutes leurs forces pour pouvoir lutter, avec des armes égales, contre le patron, dans les questions d'intérêt.

En posant cette hypothèse, il faudra admettre que le patron qui renon-cerait à la faculté qu'on lui offre de se coaliser avec d'autres patrons aurait le droit d'exiger la réciprocité de la part de ses ouvriers vis-à-vis d'ouvriers étrangers.

Dès lors, la coalition serait renfermée dans les limites de chaque atelier, et réduite ainsi aux proportions d'un simple débat d'intérêts qui se passerait en famille; elle n'offrirait aucun danger pour l'ordre public.

Or, les patrons, loin de demander le droit de se coaliser, repoussent toute modification de la loi actuelle et n'useraient de ce droit, s'il leur était imposé, qu'autant qu'il leur faudrait résister à des coalitions générales. La coalition restreinte admise, il faut en poser les conditions :

Le règlement de chaque atelier aurait force de loi comme par le passé pour les délais de congé à donner ou à recevoir, pour les heures et les habitudes du travail, la police intérieure, etc.

A l'expiration du congé en usage, les travaux ayant cessé et les deux parties se trouvant libres et en présence, tout rassemblement sur la voie publique, toute démarche menaçante contre le patron ou contre les ouvriers restés fidèles à leur travail, seraient sérieusement interdits. Il ne s'agit plus que de négocier, il faut en avoir le temps, et pour cela, il faudra pouvoir vivre sans travailler ; car celui qui pourra le mieux supporter le chômage finira par triompher.

C'est une lutte qui s'engage, ou plutôt un siége dans lequel les vainqueurs devront leurs succès à la famine ou à l'épuisement des ressources de leurs adversaires.

Toutefois, l'événement a été prévu et préparé, et les moyens de subsistance sont assurés, au moins pour un peu de temps.

Les ouvriers organisés en corps ont été prévoyants par exception ; ils ont dressé un rôle comme en matière de contributions, où chacun a été inscrit selon ses facultés, et dont chacun, de gré ou de force, a payé sa cote. Pour atteindre la fin, il faut bien vouloir les moyens, et les ouvriers n'en ont pas d'autres.

Voyons maintenant à quelle fin ils prétendent arriver. Sera-ce à une augmentation de salaire, ou à l'égalité des salaires pour tous ?

Sera-ce à une diminution ou à un changement des heures de travail?

Sera-ce à l'exclusion des étrangers, des femmes et des enfants?

Sera-ce à l'obligation d'un certain temps ou de certaines conditions d'apprentissage ?

Sera-ce enfin à l'abolition de tout règlement et de toute police intérieure de l'atelier ?

Telles sont les prétentions ordinairement manifestées en pareil cas. Il est probable que la durée d'une coalition d'atelier ne sera pas assez longue pour forcer le patron d'accéder à des demandes injustes, et que les ouvriers n'obtiendront pas plus de concessions que sous le régime actuel, c'est-à-dire qu'une rétribution aussi large et des conditions de travail aussi douces, que l'état plus ou moins prospère de l'industrie permet de donner, des règlements aussi raisonnables que peut comporter le maintien d'un travail régulier et de l'ordre.

Veut-on plus, ou, pour mieux dire, veut-on autre chose ? En ce cas, il faudra étendre le cercle de la coalition à la localité ou à l'industrie qui en est l'objet partout où elle s'exerce en France, ou bien encore à toutes les industries quelconques, et enfin, on pourra franchir les frontières et admettre l'immixtion des ouvriers étrangers dans les affaires de leurs frères français.

Avec la liberté illimitée de former des coalitions paisibles, il s'organiserait des associations puissantes ayant des ramifications à l'étranger, composées de membres actifs et obéissants, commandées et dirigées par des chefs habiles, ambitieux et entreprenants, qui, disposant de revenus considérables assurés par l'assiette d'un impôt, pourraient devenir agressifs dans la confiance de leurs forces. Quelle résistance y aurait-il à opposer à leurs débordements, que ferait naître le plus léger prétexte? Serait-ce une coalition des patrons? Chose monstrueuse, réprouvée par la morale et l'opinion, antipathique à leurs penchants, et sévèrement punie par les lois jusqu'à ce jour ! D'ailleurs, la concurrence qui existe naturellement entre les industriels et la rivalité entre les industries diviseraient les patrons, pendant que les ouvriers, dont les ressources seraient centralisées et les efforts réunis et dirigés vers un seul but et par un seul chef, renverseraient facilement les faibles obstacles qu'on chercherait à élever contre leurs prétentions, tout en payant chèrement quelques succès éphémères.

L'issue de la lutte ne saurait être douteuse, car les ouvriers auront le choix du lieu et du moment les plus favorables pour l'attaque, et, en concentrant tous leurs moyens sur un point, ils seront irrésistibles.

Ce premier point emporté, ils marcheront, avec le prestige de la victoire, à de nouveaux triomphes, jusqu'à ce que la suprématie universelle de l'ouvrier soit hautement reconnue. Un état d'antagonisme en permanence remplacerait les relations paternelles entre les patrons et les ouvriers; les liens de confiance et de reconnaissance qui les unissaient seraient à jamais rompus.

C'est la guerre des intérêts introduite dans le pays.

La grande guerre, si la loi actuelle est abrogée ou remplacée par des restrictions insuffisantes.

La petite guerre, si la coalition est restreinte à l'atelier.

La paix, si la législation existante était maintenue.

L'arme de guerre sera le chômage, c'est-à-dire, pour le public, le renchérissement des produits manufacturés, la gêne dans les rapports matériels et l'inquiétude dans les esprits.

Pour les patrons, la perturbation dans leurs affaires, l'impossibilité de remplir leurs engagements, des pertes énormes en frais généraux, et souvent la ruine.

Pour les ouvriers, un impôt nouveau, des privations pour la famille réduite pendant la lutte à de faibles subventions pour sa subsistance, quelquefois aussi le déplacement ou la ruine de leur industrie.

Spectatrice impassible, l'autorité n'a plus qu'à laisser faire ce qui est désormais légal ; elle interviendrait si deux personnes s'insultaient dans la rue ; elle sévirait avec rigueur contre l'individu qui, poussé par la faim et la misère, déroberait un pain, ou tout objet de la plus mince valeur dans un étalage ; ici, elle s'abstient, de par la loi, quoiqu'il doive s'ensuivre la ruine et la misère.

Les effets désastreux des coalitions sont tellement redoutés de nos voisins et concurrents d'outre-Manche, qu'ils ne manquent jamais de faire valoir l'avantage que les lois répressives en cette matière donnent sur eux aux industriels français. Les coalitions ont laissé de terribles traces derrière elles en Angleterre ; elles ont duré des mois entiers, elles se sont succédé sans relâche, elles ont déplacé des industries et ruiné des districts ; elles ont abouti à l'émeute, à la violence, à la destruction de la propriété et à l'effusion du sang, et n'ont pu être comprimées que par la force armée (1). Voilà l'institution qu'on propose d'emprunter à l'étranger, et dans quel but ?

Est-ce pour satisfaire aux aspirations de la classe ouvrière ? En ce cas, il n'y a que l'abolition de la loi qui les contenterait, et les conséquences viennent d'être prédites.

Est-ce pour améliorer le sort matériel de l'ouvrier ?

____

(1) *Voir* Pièces justificatives.

Mais c'est le contraire qui aurait lieu.

D'ailleurs la position normale de l'ouvrier n'est plus mauvaise comme autrefois ; les salaires ont doublé depuis trente ans, sans que le prix du pain ait sensiblement augmenté et pendant que les vêtements ont baissé de prix. L'ouvrier est aujourd'hui rare et recherché, et il est payé en conséquence. L'agriculture est négligée pour l'industrie, la campagne est abandonnée pour la ville, où le travailleur est attiré par l'appât d'une rémunération plus forte et des douceurs qu'il ne trouve pas aux champs. Les campagnes gémissent d'un état de choses qui les menace de stérilité.

Le manufacturier demande le maintien du *statu quo*.

Il le demande, parce que la loi actuelle, et celle qui l'a précédée, et qui renfermait les mêmes principes, sont des lois faites à des époques révolutionnaires (1791 et 1849), par conséquent en faveur des classes ouvrières dont les opinions dominaient alors.

Il le demande encore parce que le Gouvernement, par un récent traité, l'a engagé dans une lutte périlleuse avec l'étranger, qui exige tous ses capitaux, toutes ses facultés, et surtout son attention et sa liberté d'action, pour en sortir avec honneur.

Le détourner des graves préoccupations qui l'obsèdent, décider contre lui pendant que l'issue de la lutte est encore douteuse et que l'honneur de l'industrie française et le sien sont en jeu, ce serait l'accabler.

Le projet de loi en discussion est ainsi conçu :

ARTICLE UNIQUE.

Les dispositions des articles 414, 415 et 416 du code pénal sont modifiées comme il suit :

Art. 414. — Sera puni d'un emprisonnement de six mois à deux ans et d'une amende de 500 fr. à 5,000 fr. :

1° Quiconque, par manœuvres coupables, dons ou promesses ayant ce caractère, menaces, violences ou autres moyens d'intimidation, aura provoqué ceux qui font travailler les ouvriers à former ou à maintenir une coalition tendant à forcer l'abaissement des salaires ;

2° Quiconque, par les mêmes moyens, aura provoqué les ouvriers à former ou à maintenir une coalition ayant pour but de faire cesser en même temps de travailler, interdire le travail dans un atelier, empêcher de s'y rendre avant ou après certaines heures, et, en général, de suspendre, empêcher ou enchérir les travaux.

L'emprisonnement sera de deux à cinq ans, et l'amende de 1,000 à 10,000 fr., si les provocations ont été suivies d'effet.

Art. 415. — Seront punis d'un emprisonnement de six jours à trois mois et d'une amende de 16 fr. à 3,000 fr. les directeurs d'ateliers ou entrepreneurs d'ouvrages et les ouvriers qui, de concert, auront prononcé des amendes autres que celles qui ont pour objet la discipline intérieure de l'atelier, des défenses, des interdictions, ou toutes proscriptions sous le nom de *damnations* ou sous quelque qualification que ce puisse être, soit de la part des directeurs d'atelier ou entrepreneurs contre les ouvriers, soit de la part de ceux-ci contre les directeurs d'ateliers ou entrepreneurs, soit les uns contre les autres.

Dans le cas prévu par le paragraphe précédent, les chefs ou moteurs seront punis d'un emprisonnement de six mois à deux ans et d'une amende de 500 fr. à 5,000 fr.

Art. 416. — Les auteurs des provocations prévues par l'article 414, si elles ont été suivies d'effet, et les chefs ou moteurs, dans le cas prévu par le paragraphe 1er de l'article 415, pourront, après l'expiration de leur peine, être mis sous la surveillance de la haute police pendant deux ans au-moins et cinq ans au plus.

Comme on le voit, cette loi, qui punit quiconque qui, par des moyens qualifiés de *manœuvres coupables*, etc., aura provoqué une coalition, absout les coalisés ; or, l'auteur, sinon le provocateur d'une coalition, sera toujours un ouvrier intéressé à la question, et en cette qualité n'aura pas employé de manœuvres coupables. Partant, la loi sera impuissante contre les coalitions paisibles et ne pourra sévir que contre l'étranger qui ne serait pas en même temps ouvrier, et qui serait l'instigateur d'une coalition ; celui-ci serait toujours insaisissable comme un mythe.

La loi du 27 novembre 1849 qui est en vigueur, et qui a rendu de bons services à l'ordre, modifiait ainsi les articles 414, 415 et 416 du code pénal.

« Art. 414. — Sera punie d'un emprisonnement de six jours à trois mois et d'une amende de 16 fr. à 10,000 fr. : 1° toute coalition entre ceux qui font

travailler des ouvriers tendant à forcer l'abaissement des salaires, s'il y a eu tentative ou commencement d'exécution ; — 2° toute coalition de la part des ouvriers pour faire cesser en même temps de travailler, interdire le travail dans un atelier, empêcher de s'y rendre avant ou après certaines heures, et, en général, pour suspendre, empêcher, enchérir les travaux, s'il y a eu tentative ou commencement d'exécution. — Dans les cas prévus par les deux paragraphes précédents, les chefs ou moteurs seront punis d'un emprisonnement de deux à cinq ans.

« Art. 415. — Seront aussi punis des peines portées par l'article précédent, et d'après les mêmes distinctions, les directeurs d'atelier ou entrepreneurs d'ouvrages et les ouvriers qui, de concert, auront prononcé des amendes autres que celles qui ont pour objet la discipline intérieure de l'atelier, des défenses, des interdictions ou toutes proscriptions sous le nom de *damnations* ou sous quelque qualification que ce puisse être, soit de la part des directeurs d'ateliers ou entrepreneurs, soit les uns contre les autres.

« Art. 416. — Dans les cas prévus par les deux articles précédents, les chefs ou moteurs pourront, après l'expiration de leur peine, être mis sous la surveillance de la haute police pendant deux ans au moins et cinq ans au plus. »

MODIFICATIONS PROPOSÉES.

Art. 414.

Sera puni d'un emprisonnement de six jours à un mois et d'une amende de 16 à 100 francs, ou de l'une de ces deux peines, l'ouvrier qui aura pris part à une coalition,

Soit en cessant le travail, conjointement avec d'autres, avant le terme du congé dû selon l'usage de l'atelier,

Soit en se joignant à un rassemblement sur la voie publique, dans le but de produire ou de maintenir un chômage, en vue de l'obtention d'une augmentation de salaire, ou d'un adoucissement des conditions du travail.

Pour le patron qui aura commis l'un de ces délits, dans le but d'abaisser les salaires, ou d'aggraver les conditions du travail, la peine de l'emprisonnement sera la même, et l'amende sera de 100 à 1,000 francs.

Sera puni d'un mois à trois mois d'emprisonnement et de 50 à 300 francs d'amende :

L'ouvrier qui aura provoqué, organisé ou dirigé au moyen de manœuvres coupables telles que calomnies, fausses nouvelles, excitations à la haine, menaces, violences ou autres moyens d'intimidation, une coalition qui aura eu pour conséquence une cessation de travail subite, ou des rassemblements sur la voie publique.

Si les rassemblements ont eu un caractère menaçant ou violent, de nature à troubler l'ordre public, ou à exercer une pression sur la liberté du travail, les chefs et les fauteurs du désordre seront passibles de trois mois à une année d'emprisonnement en sus de l'amende. Le patron qui aura provoqué, organisé ou dirigé par les mêmes moyens une coalition suivie de semblables résultats subira les mêmes peines d'emprisonnement et une amende de 500 à 3,000 fr.

Les peines seront doubles de celles des ouvriers et portées à leur maximum pour les étrangers à l'atelier qui se seront servis des mêmes moyens, ou qui auront fait des promesses ou des dons, selon qu'ils auront agi comme simples participants, comme instigateurs, ou comme chefs de la coalition.

Tous les coalisés sont solidairement responsables des amendes et des frais.

Ne sera pas considéré comme coalition le simple concert entre ouvriers du même atelier ayant pour but l'augmentation des salaires, ou la modification des conditions du travail, quand même il s'ensuivrait un chômage, pourvu que la cessation des travaux n'ait pas été préparée et ne soit pas maintenue par des manœuvres coupables de la nature de celles qui viennent d'être décrites ; qu'elle n'ait eu lieu qu'après le délai de congé en usage, et qu'elle ne se manifeste pas extérieurement par des rassemblements.

Dans notre projet :

Les peines sont moins fortes que dans l'ancienne loi et dans le projet du Gouvernement.

Elles sont graduées selon la gravité du délit en lui-même et en ses conséquences.

Elles frappent les patrons d'amendes plus fortes que les ouvriers.

Enfin, elles atteignent, avec un redoublement de sévérité, l'étranger qui s'immiscerait dans les affaires des ouvriers. Tout ce qui est défendu, tout ce qui est toléré se trouve ainsi parfaitement défini.

Les dispositions de ce projet permettent la coalition paisible et restreinte.

PIÈCES JUSTIFICATIVES.

Les citations qui suivent sont des extraits des rapports faits par M. Henry Ashwort, H. S. S. de Manchester, à la suite des enquêtes faites en 1838 et 1854 sur les causes et les résultats des coalitions en Angleterre.

Ces rapports, précédés de l'histoire de la législation sur les coalitions, et accompagnés de commentaires par M. George Price, de Londres, ont paru dans le *Quarterly Review* d'octobre 1859.

La législation qui est en vigueur date de 1824, et ressemble au projet du Gouvernement, puisque, par le rappel des anciennes lois contre les coalitions, elle laisse les patrons et les ouvriers libres de se concerter pour obtenir les conditions qu'ils désirent, pourvu qu'ils n'aient pas recours à la violence.

Il résulte de ces rapports :

Que les coalitions ont été provoquées presque toujours par un petit nombre des ouvriers les mieux rétribués ;

Qu'en aucun cas les résultats n'ont tourné au profit des ouvriers, et qu'en général ils ont été désastreux pour eux ;

Qu'enfin les grèves ont souvent entraîné la ruine des industries dans les localités où elles ont sévi.

Le rappel des lois de coalition en 1824 vint laisser aux travailleurs la liberté de former des associations pour fixer et augmenter les salaires, changer les heures de travail, déterminer la quantité d'ouvrage à faire, ainsi que de se concerter pour quitter ou retourner dans leurs ateliers, pourvu qu'aucune violence ne fût exercée.

Dans cette même année 1824, les filateurs de Hyde se mirent en grève par ordre de l'Union, quoique ce fût généralement contre leurs propres vœux. On s'appuyait, pour légitimer cette mesure, sur ce que les ouvriers de cette ville travaillaient à un prix au-dessous du cours régulier. Ils se servaient de machines très-perfectionnées, que leurs patrons pouvaient se procurer grâce à leurs puissants capitaux, et recevaient cependant 1 shilling (1 fr. 25 c.) en moins que les ouvriers attachés à des fabriques pourvues de machines plus grossières. Malgré cela ils gagnaient infiniment plus que dans les autres villes industrielles; mais du moment que l'Union leur eut ordonné de suspendre le travail, ils obéirent. Pendant plusieurs mois à ne rien faire, ils eurent à supporter de cruelles privations, et ce n'est qu'après avoir coûté près de 4,000 livres (100,000 fr.) à l'Union, qu'ils reprirent leurs travaux aux mêmes prix qu'ils avaient tenté inutilement de faire élever.

Cet insuccès n'empêcha pas le nombre des grèves (*turnouts* ou *strikes*) d'aller en augmentant. En 1829, elles furent accompagnées d'émeutes et de graves désordres; on brisa les machines, et on alla même jusqu'au meurtre. Les patrons furent attaqués, et l'un des plus considérés, M. T. Ashton, de Manchester, fut une nuit frappé au cœur. Son assassin resta toujours inconnu. Cette grève de Manchester était, comme d'habitude, dirigée par les fileurs en fin qui gagnaient à cette époque de 30 à 35 shillings (37 fr. 50 à 43 fr. 75) par semaine. Leur scission mit hors d'emploi dix mille personnes, qui restèrent inoccupées pendant six mois; et un grand nombre de familles furent amenées au plus profond état de dénûment, duquel beaucoup ne se relevèrent jamais. La perte totale en salaire que subirent les ouvriers a été estimée à pas moins de 250,000 l. st. (6,250,000 fr.). Cet immense sacrifice ne les conduisit à aucun résultat, car dans la suite ils retournèrent travailler à des prix moindres que ceux qu'ils recevaient auparavant.

Des grèves semblables eurent lieu à Stockport, Ashton, et dans d'autres lieux, en 1829 et 1830, sans produire de plus heureuses conséquences. A Ashton et à Staleybridge, 30,000 personnes occupées au filage des gros fils désertèrent les ateliers pendant dix semaines et sacrifièrent ainsi 250,000 l. st. de salaires (6 millions un quart). Les 3,000 fileurs en gros qui conduisaient le mouvement recevaient de 28 à 31 shillings (35 fr. à 38 fr. 75) par semaine. Toutes ces grèves n'apportaient aucune amélioration dans la situation des ouvriers, car lorsqu'ils retournaient travailler ils étaient alors obligés de subir les conditions des maîtres. La tendance à se mettre en grève avait pris à cette époque tout le caractère d'une maladie sociale ; ainsi les tailleurs (habilleurs *dressers*) et les teinturiers quittèrent leurs travaux, non en raison de la quotité du salaire, mais à cause du temps accordé pour le dîner. Le patron proposait de prendre une demi-heure de travail à la fin de la journée, pour la rajouter dans le milieu, dans le but d'économiser le luminaire quand les jours commencent à raccourcir. Les ouvriers, plutôt que d'accéder, se retirèrent, et s'imposèrent la perte de plusieurs mois de salaire. Après cette sévère leçon ils revinrent au travail dans des dispositions plus accommodantes. Vers le même temps, les charbonniers de presque toute la partie méridionale du Lancastre se mirent en coalition. En premier lieu ils réussirent ; mais, voulant pousser leur succès trop loin, ils se montrèrent si exigeants dans leurs réclamations que les patrons résistèrent. Ils amenèrent des travailleurs étrangers (*strangers*) dans les fosses, de sorte que beaucoup d'Unionistes furent obligés d'aller chercher de l'occupation dans d'autres parties de la contrée.

La ville de Preston, dans le Lancashire, s'est fait une notoriété malheureuse par ses coalitions, et surtout par celles de 1836 et de 1854, dont le souvenir sera longtemps perpétué par les souffrances qu'elles ont causées. Dans cette première année l'industrie cotonnière était très-active et le travail abondait partout, lorsque les ouvriers fileurs profitèrent de l'occasion pour demander une augmentation de salaires, de 22 sh. 6 d. (28 fr. 10 c.) qu'ils recevaient par semaine à 26 sh. 6 d. (33 fr. 10 c.), prix payé à Bolton. Il faut dire que le taux de Bolton était alors exceptionnel ; en effet, dans cette ville, les patrons avaient l'habitude de donner des salaires élevés quand le travail pressait, quitte à les baisser considérablement quand l'ouvrage était bas. A Preston, au contraire, l'occupation était plus régulière et le taux des salaires plus uniforme ; les dépenses de la vie étaient aussi moindres qu'à Bolton.

Des délégués des Unions d'artisans vinrent encourager le peuple de Preston à maintenir ses prétentions ; ils convoquèrent des réunions (*meetings*) dans lesquelles la tyrannie des patrons était hautement dénoncée. Les fileurs se firent membres de l'Union, et lorsqu'un comité avait été formé, il commençait par réclamer des patrons une élévation des gages conforme au taux de Bolton. Ceux-ci se montraient disposés à accorder une augmentation de 3 sh. 6 d. (4 fr. 35) par semaine, mais ils exigeaient que les ouvriers se séparassent de l'Union. Cette offre eût été acceptée de la plupart des individus, mais elle fut repoussée par le conseil de l'Union, qui demanda l'acceptation sans condition du tarif de Bolton. On répondit par un refus. Alors le conseil ordonna la suspension du travail, et vers le commencement de novembre toutes les fabriques étaient fermées. Le nombre des fileurs qui se mirent en grève n'était que de 660; mais, par suite de leur cessation de travail, 7,840 autres artisans divers se trouvèrent sans occupation. Dans le cours de quelques semaines, on vit les rues encombrées de mendiants, les bureaux des protecteurs des pauvres assiégés de demandes de secours, et la maison de travail (*workhouse*) regorgeant de pensionnaires. L'Union soutenait les fileurs et les tâcherons (*piecers*) en payant aux premiers 5 sh. (6 fr. 25 c.) par semaine et aux derniers 3 sh. (3 fr. 75 c.); mais la plus grande partie des ouvriers ne pouvaient subsister que par la mendicité, les taxes des pauvres, et la charité des patrons. A la fin de décembre la misère était devenue tellement grande et générale, que les patrons se déterminèrent à ouvrir leurs fabriques à ceux qui voudraient reprendre du travail aux anciens prix augmentés de 10 pour cent. L'affluence fut grande de la part des ouvriers de carde; mais, en l'absence des fileurs qui persistaient dans leur abstention, on ne put donner de l'ouvrage qu'à un petit nombre. Cependant de nouveaux bras revenaient au travail; des fileurs se rendaient des villes voisines à Preston, on augmentait le nombre des métiers à filer automates (*self.-acting mules*), et enfin toutes les fabriques finirent par être rouvertes au travail, et ce fut bien à temps. La grève avait duré treize semaines, après lesquelles l'Union se rompit, et près de 200 fileurs (le tiers du nombre total) dont les places avaient été prises par de nouveaux embauchés quittèrent la ville ou restèrent sans emploi. Les pertes supportées par les ouvriers en rébellion furent très-grandes; 5,000 personnes souffrirent pendant l'hiver de la faim et du froid, plusieurs même moururent d'inanition; les hardes, meubles et tout objet dont on pouvait tirer quelque argent, avaient été mis en gage; les loyers n'avaient pas été payés; de petites dettes avaient été formées chez les épiciers et autres fournisseurs qui voulaient bien donner crédit; enfin de très-mauvaises habitudes avaient été contractées par les ouvriers et leurs familles, desquelles ils ne se débarrassèrent jamais. M. Ashworth a calculé que le préjudice causé à la ville et au commerce de Preston par cette grève s'élevait à 107,196 livres sterling (2,679,900 francs), sur laquelle somme les salaires perdus par les travailleurs entrent pour 57,210 livres (1,430,250 francs).

Cette triste expérience ne rendit pas plus sage la population de Preston, car en 1854 une grève encore plus prolongée et plus calamiteuse eut lieu. La totalité des fabriques fut fermée vers la fin d'octobre, et pendant trente-six semaines 17,000 personnes restèrent sans travailler. La grève commença au milieu de discours éloquents prononcés par les principaux chefs de l'Union, — pour la plupart étrangers, — qui s'étaient rendus à Preston des villes voisines pour concourir à cette grande lutte du travail contre le capital. Il y eut dans ces adresses beaucoup de récrimination et de passion, mais la conduite du peuple fut excellente, et certainement le plus grand nombre était plutôt entraîné que coupable. En diverses circonstances il fit preuve d'une élévation de caractère vraiment remarquable, supportant patiemment ses souffrances et ses privations, dans l'espoir qu'elles ne seraient pas infructueuses pour son avenir. Il pensait être dans son droit, et il poursuivait son erreur avec tristesse et dignité. L'Union fut bien soutenue par les villes des environs de Preston ; et pendant quelque temps elle reçut 3,000 livres (75,000 francs) par semaine des agents des fabriques. Les ouvriers de Blackburn contribuèrent seuls, pour leur part, pour 30,000 livres (750,000 francs); et si les patrons de cette ville, comme ils le consignèrent dans l'exposé qu'ils en donnèrent plus tard, avaient voulu intervenir dans la lutte, la principale source qui l'entretenait se serait vite tarie, et le premier mois de grève en aurait vu la fin. Mais il est clair que la suspension du travail à Preston ne pouvait que tourner à l'avantage de l'industrie de Blackburn et de tous les centres se livrant à la fabrication des mêmes articles ; par conséquent ils n'avaient aucun intérêt à s'y opposer. C'est là un exemple de la difficulté qu'il y aura toujours pour les patrons à former entre eux une association étendue.

Les fonds fournis par les travailleurs pour soutenir la grève de Preston pendant les trente-six semaines qu'elle dura s'élevèrent à la somme considérable de 97,000 livres (2,425,000 francs). Ne doit-on pas conclure à la toute-puissance de l'ouvrier pour réunir de l'argent, et on peut se demander quels résultats féconds on pourrait attendre de l'emploi de pareilles sommes, si on en faisait un meilleur usage. Malgré les secours des Unions voisines, la grande masse des ouvriers de Preston tomba rapidement dans un dénûment absolu. Les objets du foyer domestique furent alors dispersés pour créer une ressource passagère; on vendit les meubles jusqu'au plus simple bâton, et les femmes disposèrent même de leur anneau de mariage pour procurer un peu de nourriture à leurs enfants. Alors l'Union étant à bout succomba, et le peuple des travailleurs retourna dans ses ateliers déserts, mais sans obtenir cette fois une augmentation de salaire de 10 pour cent. Ainsi tous leurs sacrifices avaient été inutiles, et le seul résultat d'un héroïsme plus que stérile fut de laisser les cœurs brisés, la ruine dans tous les ménages, et une profonde désolation physique et morale.

La perte en salaires soufferte par les ouvriers pendant cette grève s'éleva à un quart de million de livres (6 millions 1/2 de francs), et celle causée à toutes les parties intéressées dans la lutte, à plus d'un demi-million de livres (12 millions 1/2 de francs).

La plus formidable grève qu'on ait jamais vue à Glasgow est celle de 1836. Voici à quelle occasion elle éclata : le commerce allant peu à cette époque, les patrons, qui avaient récemment élevé d'un sixième le salaire des fileurs, leur proposèrent de les ramener au taux antérieur pour qu'ils puissent conserver les fabriques en activité. Les ouvriers refusèrent d'agréer cette proposition. Ils suspendirent leurs travaux, se constituèrent en comités, et des sicaires armés, des jeteurs de vitriol attaquèrent les *nobs*, les nouveaux embauchés pris par les patrons. Plusieurs meurtres et de nombreux actes de violence furent commis, et l'incendie allumé dans nombre de fabriques. Mais quand après dix-sept semaines de grève les ouvriers eurent épuisé leurs ressources, ils retournèrent au travail et durent alors accepter les conditions que leur imposèrent les patrons. Un peu avant cette époque les charbonniers du Lanarkshire avaient obtenu une augmentation notable dans leur journée pendant que le travail était encore assez actif, à condition qu'ils ne toucheraient plus que l'ancien prix pendant la morte saison. Or ce moment arrivé, ils refusèrent de se soumettre à une diminution de prix, et se mirent en grève pendant quatre mois, jusqu'à ce que les maîtres de forges introduisirent dans les fosses à charbon un certain nombre de tisserands affamés de Glasgow qui étaient trop heureux de gagner 5 sh. (6 fr. 25 c.) par jour. Ils voulurent alors rentrer au travail, mais beaucoup trouvèrent leur place prise et durent aller se pourvoir ailleurs.

L'invention de nouvelles machines, dans le but de diminuer les frais de production, a toujours causé de profondes alarmes dans la classe des artisans, et a été la cause fréquente de bien des grèves. Les premiers qui se soulevèrent contre ces inventions des hommes de travail furent des hommes eux-mêmes. Hargreaves, l'inventeur de la machine à filer plusieurs fils à la fois, et Kay, l'inventeur du caribari (*fly-shuttle*), furent trop heureux d'échapper vivants du Lancashire après que leurs machines eurent été brisées par la populace. Quand Richard Arkwright occupa les loisirs forcés que lui avait faits l'abandon des perruques,—à l'invention du métier continu (*spinning frame*), il dut, comme Kay et Hargreaves, fuir de son propre pays, emportant avec lui le modèle de sa machine. Quand plus tard sa *mull-jenny* fut introduite, c'est par l'émeute et le bris des machines qu'elle fut accueillie. Les ouvriers croyaient alors que l'exécution par la machine de tout travail manuel constituait une perte réelle pour eux ; et dans cet esprit ils résistaient aussi bien à l'emploi des chevaux comme moteurs qu'à celui de la vapeur.

Cependant, malgré tous les obstacles que l'ignorance et la violence pouvaient apporter à l'introduction des machines, elles se répandirent de plus en plus, et avec elles l'emploi de la vapeur. Bien loin de produire l'effet qu'on en attendait, à chaque extension des machines il y eut une plus grande somme d'argent versée en salaires parmi les populations manufacturières. Néanmoins l'adoption de chaque nouveau perfectionnement amena toujours de sérieuses agitations parmi les ouvriers, qui persistaient à ne voir dans les machines que des ennemis de leurs intérêts. Les Luddistes parcouraient plusieurs comtés cherchant à remplir leur sauvage mission de briser les machines, et ils étaient l'objet de la terreur générale ; les patrons étaient souvent obligés de coucher dans leurs fabriques gardées par des soldats ou de la milice (*yeomanry*), et en plusieurs circonstances on eut quelques victimes à déplorer.

En 1830 et 1844 les grèves furent fréquentes dans les comtés méridionaux ; on vit même des bandes de laboureurs s'attaquer aux machines agricoles, briser les charrues semeuses, les machines à battre et à vanner, et même jusqu'aux plus simples semoirs (*drills*).

Il est assez remarquable que la dernière grève dont les machines furent la cause ait été faite par les mécaniciens, — classe de travailleurs bien payés et qui vivent de la construction des machines. En 1823, l'Union des Mécaniciens commença à agiter la contrée pour s'opposer à la prolongation de la journée (*overtime*) et au travail aux pièces (*piecework*), et obtenir une réduction des heures de travail, et l'abandon des machines-outils (*machine-making machines*).

Parmi les réclamations qui furent adressées aux patrons, figurait celle de renvoyer définitivement tous les ouvriers quelconques occupés par les machines à planer, et de les remplacer par des membres de l'Union. C'était une prétention pareille à celle que soutenait en 1824 l'Union des constructeurs de moulins (*millwrights*) qui ne voulaient pas qu'une simple meule fût tournée par d'autres qu'un des leurs, payé à raison de deux guinées par semaine (50 fr.) ; l'abandon des ateliers (*turnout*) fut la conséquence du refus des patrons. Ceux-ci avaient devant eux la perspective de grandes pertes ; mais comme en définitive leurs capitaux et leurs bénéfices étaient en jeu, et qu'il fallait de toute nécessité savoir qui d'eux ou de leurs hommes feraient la loi dans leurs ateliers, ils engagèrent la lutte avec vigueur. On chercha à faire par la vapeur le plus de travail possible, de nouvelles machines économisant la main-d'œuvre furent inventées, et un grand nombre d'ouvriers n'appartenant pas à l'Union se présentèrent, et quoique pour la plupart inhabiles, ils purent, dans ces circonstances, se créer une position. Puis, lorsque après quinze semaines de grève, et après avoir subi une perte d'environ 43,000 l. st., (1,075,000 francs), les mécaniciens vinrent demander à rentrer, ils furent obligés d'accepter les conditions qu'on leur fit, et sans augmentation de salaire.

Les métiers se rattachant à l'industrie du bâtiment, constitués en une Union puissante, ont eu souvent recours aux grèves pour soutenir le taux des salaires. En 1833, par exemple, les ouvriers du bâtiment à Manchester mirent en demeure leurs patrons de renoncer à construire par le système des sous-entreprises. Ils se rendirent à cette demande, mais cette concession enhardit les ouvriers, qui élaborèrent une série de règlements obligeant les patrons à se soumettre à de certaines dispositions concernant l'égalisation des salaires, les machines qu'ils devaient employer, le nombre des apprentis qu'ils pouvaient avoir, etc. Ils accédèrent encore, et de nouvelles exigences plus impérieuses succédèrent aux précédentes : il s'agissait de mettre à l'amende les patrons qui auraient violé quelque règlement de l'Union, de leur ordonner de comparaître devant eux dans leurs assemblées, de les obliger à congédier ou à reprendre tel ou tel individu, enfin à se conformer à telle et telle autre règle. Ceux qui résistèrent à ces mesures tyranniques virent leurs ouvriers se mettre en grève. A la fin, les patrons, ne pouvant supporter plus longtemps les restrictions qu'on leur imposait, qui menaçaient de les conduire à une ruine complète, se formèrent eux-mêmes en association pour leur protection mutuelle. Ils se déterminèrent, en conséquence, à ne plus employer d'ouvrier qui ne consentît à signer une déclaration comme quoi il s'engageait à ne plus faire partie d'aucune Union d'artisans. Une grève générale s'ensuivit, et pendant les six mois qu'elle dura, tous les grands travaux de construction en cours à Liverpool et à Manchester furent presque entièremment suspendus. On n'était cependant pas intervenu dans les habitudes et les priviléges des ouvriers, et leurs salaires n'avaient pas éprouvé de réduction. Bien plus, peu de temps avant la déclaration de l'état de grève, les briquetiers avaient été augmentés de 3 sh. par semaine, car le travail pressait et les patrons cherchaient à attirer les ouvriers. De bons compagnons pouvaient trouver à gagner en ce moment 35 shillings par semaine (43 fr. 75 c.) pendant les mois d'été. Les travailleurs que la grève laissait sans ressources furent bien soutenus par leurs frères du bâtiment des principales villes de l'Angleterre, qui leur envoyèrent de fortes contributions ; pas moins de 18,000 livres (450,000 francs) arrivèrent par cette voie. Les gages qui furent sacrifiés pendant ces six mois s'élevèrent au moins à 72,000 livres (1,800,000 francs). A la fin les ouvriers, voyant bien qu'il n'y avait pas à espérer que les patrons cédassent les premiers, déclarèrent par un vote que la coalition était désormais une plaie, et ils s'en allèrent solliciter d'être repris aux anciennes conditions. Mais pendant ce temps des constructions commencées avaient été abandonnées, un grand nombre de nouveaux travailleurs étaient arrivés de l'intérieur du pays, et on avait introduit des machines pour toutes les opérations auxquelles elles étaient applicables. Il en résulta qu'une partie des anciens ouvriers ne put trouver à se replacer, et que beaucoup d'entre eux ne parvinrent jamais à sortir de l'état de misère dans lequel ils étaient tombés, ou à renoncer aux habitudes de paresse et de dissipation qu'ils s'étaient formées pendant la période de grève.

Les comtés de Durham et de Northumberland ont été aussi le théâtre de formidables coalitions de la part des mineurs. Les plus récentes sont celle de 1839, qui manqua complétement, et celle de 1844, à laquelle prirent part 33,990 mineurs. Cette dernière fut amenée à la suite d'une demande en augmentation de salaires, mais on exigeait que personne ne reçût plus de 3 sh. (3 fr. 75 c.) par jour, afin que le travail et le salaire fussent partagés aussi également que possible. Il ne peut y avoir aucun doute sur les sentiments généreux qui dirigèrent le mouvement, mais c'était mettre une entrave à la production, et les propriétaires de mines, tout disposés qu'ils fussent à faire quelques concessions sur plusieurs points importants, ne pouvaient y consentir. Une mise bas générale eut lieu en mai, à la suite de laquelle les mineurs furent expulsés de leurs cottages et allèrent camper en plein air avec leurs familles. Les fonds de l'Union s'élevaient à 40,000 livres (1 million de francs); aussi le succès semblait plus assuré que jamais. Ils engagèrent Roberts, l'avocat chartiste, pour 1,000 livres (25,000 francs) par an, plus ses dépenses; il fit d'éloquents discours dans lesquels il les encourageait à persévérer dans leur dessein. Après que deux mois se furent écoulés, comme les charbonniers persistaient dans les mêmes sentiments, les propriétaires firent venir des étrangers en grand nombre, lesquels se trouvaient au contraire bien heureux de travailler au prix qu'on avait offert aux mineurs en grève. Le marquis de Londonderry remplit ses fosses à charbon de laboureurs amenés de ses propriétés du nord de l'Irlande. Ces mesures jetèrent l'alarme parmi les charbonniers, dont tout l'argent se trouvait maintenant dépensé, et qui, ayant épuisé toutes leurs petites ressources, n'avaient plus en expectative que la misère. A la fin d'août la coalition était à bout, et tous ceux qui purent obtenir de l'emploi retournèrent au travail aux conditions qu'on leur fit.

Tels ont été les résultats des coalitions les plus importantes qui se sont passées en Angleterre jusqu'à nos jours, et ils nous permettent de répondre à cette question: si les coalitions ont contribué à élever le taux des salaires? En vérité, il n'y a pas un seul exemple de grève un peu étendue, aussi bien organisée et dirigée qu'elle eût été, qui n'ait fini autrement que par la défaite des travailleurs. Ce qu'elles ont coûté est effrayant. On peut compter par millions la perte qu'elles ont causé à la nation, car la richesse qui pouvait être produite, et qui ne l'a pas été, est aussi bien perdue que si elle avait été d'abord créée pour être ensuite détruite. Ces luttes de la paix se sont montrées parfois aussi coûteuses que des campagnes; et quelques-unes ont présenté des horreurs que surpassent à peine celles des combats physiques. Si le sang n'y est pas versé, la vie est sacrifiée aussi bien que les forces dont dépend l'existence, en répandant la misère et en enfantant les querelles. En bien des cas la moralité des travailleurs et de leurs familles s'en est fâcheusement ressentie, et ils ne se sont pas encore relevés de la ruine qui a été jetée sur eux.

. . . .

Une importante maison de construction de machines de Leeds eut à soutenir en 1851-52 une lutte sérieuse avec ses ouvriers, à cause de la décision prise par les chefs de les payer en raison du mérite et de la qualité de leur travail. Le premier différend s'éleva au sujet de la rémunération d'ouvriers employés à la rivure des chaudières. Leur nombre était seulement de huit, — en dehors d'un personnel d'environ 600 individus, — et ils étaient payés différemment suivant leur habileté, — plusieurs à 27 sh. (33 fr. 75 c.), d'autres, à 26 sh. (32 fr. 50 c.), à 25 sh. (31 fr. 25 c) et un seul à 24 sh. (30 francs). Les autres ouvriers représentèrent qu'ils devaient être payés à un taux uniforme, tout en reconnaissant eux-mêmes que l'ouvrage des uns n'était pas égal en valeur à celui de leurs compagnons. On refusa d'accéder à cet arrangement, et les huit hommes quittèrent leur travail. De nouveaux ouvriers furent mis à leur place, contre lesquels toute l'usine se tourna; aussi plusieurs d'entre eux montrèrent-ils de la mauvaise volonté. Les travaux continuèrent, et d'autres ouvriers furent encore appelés, qui eurent à souffrir bien des désagréments de la part de leurs confrères; un coup de feu fut même tiré par quelque unioniste sur un contre-maître.

. . . .

. . . .

Pendant la grève d'Ashton en 1825 on apprit la filature du coton à trois cents hommes; il en résulta que lorsque les ouvriers retournèrent dans les ateliers, il y eut abondance de main-d'œuvre et les prix s'avilirent. Les constructeurs de vaisseaux de Liverpool s'étant coalisés pour obtenir une augmentation de salaire, après être demeurés à rien faire pendant vingt et une semaines, retournèrent travailler à 5 p. 100 de réduction sur les prix antérieurs. Les chapeliers de Londres firent de même pour avoir un shilling de plus par douzaine de chapeaux, et dans la suite, au lieu de l'augmentation qui leur avait fait sacrifier leur gain de près du tiers d'une année, — ils furent obligés de rentrer avec un shilling de diminution.

En 1834, les tailleurs à la journée, de Londres, se mirent en grève pour une augmentation de salaire et une réduction dans les heures de travail. Treize mille hommes restèrent sans ouvrage pendant plusieurs mois, et perdirent près de 100,000 livres (2 millions 1/2) par leurs gages seulement. Après avoir enduré toutes les privations et s'être vus réduits à l'extrême besoin, ils reprirent leurs travaux aux mêmes conditions qu'auparavant, et en souscrivant une déclaration par laquelle ils renonçaient à l'avenir à toute aide de l'Union. Pendant leur absence les patrons avaient introduit beaucoup de femmes dans les ateliers, et le système de la confection en gros (*wholesale slopwork*) avait été adopté ; il s'ensuivit une dépréciation notable dans les salaires des tailleurs, laquelle persista pendant longtemps.

Un manufacturier de Sheffield expliquait ainsi, en 1833, devant une commission de la Chambre des communes pourquoi les coalitions n'avaient jamais été profitables aux ouvriers couteliers. « L'ouvrier, disait-il, quoiqu'il gagne un salaire élevé, a quelquefois à en prélever 20 pour 100 pour soutenir l'association, sans compter, à l'occasion, une levée de 1 livre ; de plus, pour obtenir l'avantage d'en faire partie, il arrive souvent que les hommes sont en grève pendant plusieurs mois. »

. . . .

. . . .

Si les grèves et les coalitions étaient susceptibles de contribuer à l'amélioration des travailleurs, Dublin devrait être aujourd'hui leur paradis. Avec la véhémence celtique qui caractérise la race irlandaise, ils se sont jetés de tout cœur et de toute âme dans les associations ouvrières, et sont entrés dans la lutte avec un dévouement digne d'une meilleure cause. D'ailleurs, ils ont été presque uniformément heureux ; mais leurs victoires ont été bien plus désastreuses que des défaites. Dublin était autrefois le siége de manufactures importantes et prospères qui alimentaient un commerce considérable ; mais les coalitions ont tué l'une après l'autre toutes ses industries. La flanelle, les soieries, les dentelles, les gants ont cessé d'y être fabriqués, et les meilleurs ouvriers irlandais ont émigré en Angleterre et en Ecosse. Les misérables « franchises » (*liberties*) de Dublin,—que n'inquiétent plus sans doute ni les machines ni le capital, mais qui sont rongées par le paupérisme le plus révoltant, — témoignent encore de la ruine infligée à l'industrie de l'Irlande par les coalitions de ses travailleurs. O'Connell lui même admettait que les associations ouvrières (*Trade's unions*) avaient causé plus de mal à l'Irlande que l'absentéisme des propriétaires et la mauvaise administration des Anglais.

Le monopole et les restrictions imposées par les Unionistes de Dublin étaient des plus rigides ; mais, comme d'habitude, elles pesaient davantage sur le peuple mercenaire vivant en dehors des associations (*unions*), qui était sacrifié sans merci. Les ouvriers peu habiles étaient payés aussi bas que 6 den. (0 fr. 60 c.) par jour, et précisément dans les mêmes ateliers où les Unionistes s'efforçaient de maintenir leurs propres salaires à un taux immodéré. Ils prescrivaient un minimum de salaire pour eux-mêmes, afin que le plus mauvais travailleur reçût autant que le plus adroit. Les patrons avaient un semblant d'alternative dans le choix des hommes dont ils avaient besoin. Leur en fallait-il un de plus, ils devaient aller à l'Union des corps de métiers, et prendre la personne qui était inscrite en premier sur leur registre. Les non-unionistes étaient rigoureusement exclus ; et si quelque individu non privilégié se hasardait de travailler dans quelque métier de l'Union, c'était au péril de sa vie. Plusieurs pauvres malheureux furent assassinés par l'ordre des Unions, et les meurtriers restèrent inconnus. Aucune organisation ne pouvait être plus parfaite et plus puissante, et cependant elle ne produisit que la ruine.

Les charpentiers et les scieurs tenaient continuellement tête à leurs patrons, et dans le cours de quelques années on vit ceux-ci disparaître peu à peu. Il ne resta plus un seul constructeur de vaisseaux à Dublin, et quand un vaisseau avait besoin de réparations, on les faisait tant bien que mal (*cobbled up*), de manière à lui permettre de gagner Belfort ou Liverpool.

L'industrie du fer disparut par la même cause. M. Robinson, maître de forges, avait inventé une machine à faire des clous avec laquelle il espérait faire une concurrence avantageuse à la production anglaise, mais ses ouvriers se refusèrent à l'employer, et il ne put vaincre leur résistance. Cette fabrication déserta en conséquence de Dublin et depuis elle n'y a pas reparu.

Un autre manufacturier voulut se livrer à la fabrication de certains ouvrages en métal dont l'industrie irlandaise pouvait se créer le monopole, mais il ne fut pas longtemps à s'apercevoir qu'il ne lui serait jamais possible de faire concurrence à l'Angleterre, non pas à cause de désavantages locaux, ou par manque de charbon ou de fer, mais uniquement par suite de la réglementation qui lui était imposée par ses propres ouvriers. O'Connell estimait qu'au moins un demi-million sterling avait été perdu par l'Irlande en salaires, pendant une année, par suite des coalitions fomentées par les associations ouvrières.

La seule branche d'industrie qui ait pu résister aux coalitions est la carrosserie ; aussi, est-ce la seule qui se soit conservée. Messieurs Hutton se maintien-

nent sur leur terrain avec une héroïque persévérance. Les Unionistes délabrè-
rent leurs voitures, coupèrent les soieries et les galons, battirent les contre-
maîtres de la fabrique et contraignirent les propriétaires à se faire conduire
chez eux armés et gardés. Malgré cela, ils persistèrent à poursuivre leurs
affaires et de cette façon ils purent conserver leur riche manufacture de carrosserie, laquelle, sans leur courage, aurait sans doute quitté le pays.

Ces coalitions perpétuelles ruinèrent également l'industrie des autres districts
de l'Irlande. Un capitaliste irlandais, ayant construit une manufacture coûteuse
à Brandon, parut obtenir une grande soumission de la population. Il acheta les
machines ; les ouvriers travaillèrent jusqu'à ce qu'elles furent montées, puis
ils se mirent en grève et demandèrent une augmentation de salaire. « Nous
savons, disaient-ils, que vous avez passé un traité avec l'Espagne et le Portu-
gal, et vous pouvez en conséquence faire droit à notre réclamation. » Le
propriétaire accorda l'augmentation, puis il fit achever sa commande et
abandonna la fabrique. Ce fut une perte pour les ouvriers de Brandon de
12,000 livres (300,000 francs) par an. Le docteur Doyle établissait en 1830,
devant le comité irlandais, que la presque extinction de la fabrication des couvertures de Kilkenny était attribuable aux coalitions des tisserands. Aussitôt
qu'il était connu que quelque manufacturier avait passé un marché, les tisserands insistaient immédiatement pour avoir de l'augmentation. Il arriva
alors que les patrons ne prirent plus de commissions à l'avance ; puis ils
retirèrent leurs capitaux du pays, et la fabrication des couvertures diminua
rapidement; les tisserands devinrent indigents et tombèrent à la charge publique. Tels sont par quelques exemples les résultats du triomphe des coalitions
en Irlande.

Croirait-on que les gains annuels de beaucoup de familles occupées dans
l'industrie cotonnière soient plus élevés que la moyenne des revenus du clergé
d'Angleterre, et qu'il y ait peu d'ouvriers habiles dont les salaires ne dépassent
pas ceux d'un grand nombre d'employés et de commis? Quand les maçons se
mirent dernièrement en grève, ils gagnaient 5 shillings 6 deniers (6 fr. 85 c.)
par jour, ce qui équivaut à la paye des enseignes et des lieutenants de nos
régiments d'infanterie, sans qu'ils soient obligés à des dépenses de pension et
d'uniforme. Les constructeurs et les ajusteurs dans les ateliers des mécaniciens
de Londres reçoivent 35 à 37 shillings (43 fr. 75 c. à 46 fr. 25 c.) par semaine,
soit une rémunération supérieure aux appointements de la moyenne des
ministres dissidents. Les ouvriers employés au laminage du fer (*iron-rollers*)
gagnent en temps ordinaire de 12 à 15 shillings par jour (15 à 18 fr. 75 c.),
la solde d'un capitaine ou d'un chirurgien militaire après dix ans de service.

Les fondeurs de cloche (*bell-furnace-men*) du Staffordshire gagnent avec leur famille jusqu'à 7,500 et 10,000 fr., lorsque l'année est bonne ; gain que n'atteignent que bien peu de personnes lancées dans la carrière professionnelle, ce qui n'empêche pas ces travailleurs favorisés de vivre dans la plus honteuse malpropreté (1).

Qu'on soit bien convaincu que si le peuple est misérable et impuissant, c'est le plus souvent parce qu'il est insouciant et imprévoyant.

(1) Le salaire des ouvriers en bâtiment de Londres a constamment progressé pendant les trente dernières années ; c'est ce que montre, le tableau suivant, dont les éléments ont été empruntés aux meilleures sources.

| | SALAIRES MOYENS PAR SEMAINE. | | | |
	1829.	1839.	1849.	1859.
	Fr. c.	Fr. c.	Fr. c.	Fr. c.
Maçons	35 »	37 50	37 50	41 25
Briquetiers	35 »	37 50	37 50	41 25
Charpentiers	33 75	36 25	36 25	40 »
Menuisiers	36 25	37 50	37 50	41 25
Plâtriers	35 »	37 50	37 50	41 25
Peintres	33 75	35 »	37 50	40 »
Plombiers	37 50	37 50	37 50	41 25
Manœuvres	22 50	22 50	22 50	25 »

EDINBURGH REVIEW

Octobre 1859, n° 224.

Organisation secrète des Associations des Industries

(Trade's Union).

Cet article est beaucoup trop long pour trouver sa place ici. Il suffira d'en présenter l'analyse, avec quelques rares citations.

Les coalitions sont entrées dans une nouvelle phase ; les actes de violence contre les personnes et les propriétés sont devenus plus rares, et une puissaute organisation centrale impose ses lois à ses membres et les dirige comme une armée bien disciplinée contre le despotisme du capital.

Les associations des industries sont au nombre de deux mille dans le Royaume-Uni ; elles comptent 600,000 membres, et disposent d'un fonds de 300,000 sterling (7 millions 1/2 de francs) destiné principalement à soutenir des grèves. On estime à 2 millions 1/2 le nombre de personnes intéressées à ces sociétés, en y comprenant les familles des membres.

Les grèves enfantées par ces sociétés ont atteint plus gravement les grands centres industriels de Wolverhampton, Birmingham, Londres, Sheffield.

Dans cette dernière ville, à force de menaces et de mauvais traitements, les membres des sociétés sont parvenus à chasser les tailleurs de limes et leur industrie, qui s'est réfugiée en Amérique. Partout ils ont répandu la terreur et la désolation parmi les ouvriers non affiliés aux sociétés.

A Coventry, la société des ouvriers (operative society) s'est opposée par la violence à la modification d'un tarif arrêté entre les patrons et les ouvriers. — Les ouvriers qui refusèrent de cesser leurs travaux furent lapidés et battus et les magistrats furent impuissants à les protéger à leur sortie des ateliers. —Menacés par les membres de l'association, les ouvriers tranquilles demandèrent d'être conduits à la station de la police afin d'être en sûreté.

La paix et la sécurité des habitants de la ville furent troublées, et depuis le 4 mai jusqu'au 9 juin 1859, la police a dû escorter les ouvriers dans la ville et veiller sur leurs demeures.

Une autre grève eut lieu, à la même époque, parmi les mineurs du North-Warwickshire. Ces hommes étaient parfaitement satisfaits de leurs patrons et de leurs salaires, et cette fois l'intervention des sociétés eut lieu dans un but politique, l'élection d'un membre du Parlement. — Il n'en est pas moins résulté l'abandon des travaux, des tentatives de meurtre contre le petit nombre d'ouvriers qui ont osé résister aux ordres des sociétés et une autre tentative diabolique, de faire sauter une chaudière à vapeur qui aurait fait de nombreuses victimes si on avait réussi.

Ensuite vint la grève des cordonniers à propos de l'introduction dans leur industrie de la machine à coudre.

Enfin survint la fameuse coalition des ouvriers en bâtiment (Building Trades) au nombre de sept professions : les maçons, les briquetiers, les charpentiers, les menuisiers, les plâtriers, les peintres et les hommes de peine ou manœuvres.

On ignore le nombre des ouvriers qui se mirent en grève ; les uns en portent le chiffre à 10,000, pendant que d'autres l'évaluent à 40,000 sur les 60,000 ouvriers faits et sur les manœuvres innombrables qui appartiennent à ces industries à Londres. — Au 5 septembre 1859, les hommes qui recevaient des secours des sociétés étaient au nombre de 7,856, dont 4,899 étaient des ouvriers consommés et 2,957 des manœuvres.

Les résolutions paraissent être émanées d'un pouvoir exécutif par lequel les United Building Trades étaient dirigés et dont le secrétaire était Georges Potter. On ne put découvrir les autres membres de ce pouvoir occulte.

Voici le texte d'un de ses manifestes promulgué au mois de juillet. — Proposition de neuf heures. — Avis important aux ouvriers en bâtiment.

« Les entrepreneurs en bâtiment ayant refusé d'accepter neuf heures
« pour une journée de travail, les conférences des industries en bâtiment
« réunies. (United Buildings Trades) ont été chargées *par les membres du*
« *mouvement* d'inviter une maison à cesser ses travaux ; ayant agi ainsi, ils
« vous font appel maintenant pour les aider à soutenir les hommes qui sont
« en grève chez messieurs Trollope et fils ; ils ont la confiance qu'aucun
« ouvrier ne prendra leur place jusqu'à ce qu'ils aient atteint leur but.

« On s'attend à ce que chaque homme remplira son devoir !

« Par ordre du pouvoir exécutif, *Georges Potter*, secrétaire.

« N. B. — Les ouvriers de toute autre maison qui se mettraient en grève
« dans le même but sans l'autorisation de la conférence ne seraient pas
« soutenus. — Le comité siége tous les jours aux Paviors, Arms, Johnson
« Street, Westminster. »

En réponse à cet ultimatum, les entrepreneurs en bâtiment se réunirent le 27 juillet, et prirent la résolution de suspendre leurs travaux jusqu'à ce que la maison persécutée pût reprendre les siens.

Cet état de choses dura jusqu'au 12 septembre, époque à laquelle une reprise partielle des travaux eut lieu.

Jusque-là, il n'y avait pas eu de résistance de la part des ouvriers aux ordres des chefs de l'association, et il n'a été constaté qu'un ou deux actes de violence dans les rapports de la police.— A partir du remplacement à leurs travaux de quelques-uns des ouvriers, l'intimidation et la violence furent employées pour détourner de ce but les nouveaux embauchés.

Un système d'espionnage entoura les chantiers ; le passage des ouvriers de la campagne sur les grandes routes fut intercepté; enfin les travaux de construction dans la campagne furent arrêtés aussi.

Nonobstant cette opposition, les entrepreneurs parvinrent à se procurer 4 à 5,000 ouvriers, pendant que l'association continuait à soutenir par des subventions leurs membres fidèles, dont le nombre n'avait diminué que de 24 depuis le commencement de la grève.

Les entrepreneurs prirent alors ensemble cette résolution : « Il faut, « dirent-ils, mettre une fin à l'intervention dans nos affaires. Nos conditions « sont désormais que nos ouvriers devront être libres du contrôle des au- « torités de l'association des industries réunies (Trade's Union) ; si nos con- « ditions conviennent à un ouvrier, il peut venir, sinon qu'il s'abstienne. »

Cette déclaration, qui fut suivie de l'obligation pour les ouvriers de signer un engagement dans le sens de la résolution, fit beaucoup de bruit parmi eux, et fut dépeinte par les chefs de l'association comme un acte de tyrannie révoltante; les ouvriers finirent toutefois par s'y soumettre, poussés qu'ils étaient par les plaintes de leurs familles, dont la misère était affreuse.

Dans l'origine, le Trade's Union comme toutes les associations de ce genre, avait pour but ostensible la bienfaisance mutuelle.

Les membres y souscrivaient afin de s'assurer des secours contre les maladies, les infirmités, l'âge, et même le soulagement de leurs familles, par les frais de sépulture après leur décès; les chômages étaient prévus incidemment, et, dans ce cas, des frais de voyage étaient alloués à ceux qui étaient forcés de chercher ailleurs le travail qui leur manquait, ou qui n'était pas suffisamment rétribué dans leur localité.

Ces dehors honnêtes et plausibles attirèrent beaucoup de membres, qui n'y virent qu'une institution humanitaire qui offrait un refuge dans de mauvais jours.

Peu à peu les conditions furent aggravées et le but de l'institution entièrement changé. — Un règlement sévère imposait des amendes depuis 1 shilling (1 fr. 25) jusqu'à 10 shillings (12 fr. 50) pour les moindres indiscrétions ou observations sur les actes des sociétaires ; il y avait obligation, sous peine d'amende, de prévenir de tout changement d'atelier ou de résidence, du congé donné ou reçu ou même prémédité, des places vacantes, etc., et cela dans les vingt-quatre heures ; il fallait également que le sociétaire donnât avis de son mariage.

Pour être admis dans l'association fusionnée des mécaniciens (Engineers), il fallait avoir gagné son droit par une servitude d'épreuves (Probationary servitude), comme un médecin ou un avocat doit gagner son diplôme pour avoir le droit d'exercer.

L'enregistrement du nom, de l'âge, de la profession et de la condition (marié ou non marié) est fait dans les succursales et transcrit sur le registre central à Londres. — Le nombre de succursales doit être réglé selon les besoins des districts, et aucune succursale ne doit être composée de plus de 300 hommes et de 20 officiers.

Le conseil exécutif consiste en 25 membres députés par autant de succursales ou districts, sur lesquels neuf sont de Londres ou de ses environs. — Les affaires ordinaires sont transigées par ces derniers, qui font appel aux conseillers de la province pour les cas extraordinaires ; leurs pouvoirs sont très-étendus et très-vagues : « Ils peuvent décider toutes choses que les « règles de la société passent sous silence ; il est statué sur chaque cas selon « ses mérites. »

Par conséquent, les statuts et les règles étant très-incomplets, le pouvoir du conseil exécutif devient exorbitant, et ses décisions sont sans appel.

Un membre ne peut pas travailler pour un salaire inférieur à celui du tarif, ni à d'autres heures et conditions que celles qui ont été fixées par l'association sans une permission spéciale.

Le conseil central dispose des fonds de la société suivant ses besoins ; il tire des mandats sur les succursales, soit de Swindon, Glasgow, Crewe ou d'autres villes, pour 500 ou pour 1,000 livres sterling, qu'il affecte à ses frais d'administration, à ses émoluments ou au service des grèves, sauf à régler avec elle par compensation à la fin de l'année.

Maintenant, si le sociétaire qui a souscrit pendant de nombreuses années au fonds commun refuse d'obéir aux ordres des chefs lorsqu'il s'agit de se mettre en grève, ou s'il entre dans une société dont les règles lui paraissent meilleures, il est déchu de tous ses droits.

Est-il bien étonnant d'après cela que des hommes, une fois engagés dans ces associations dont ils ont tant à espérer et tant à craindre, pour lesquels tout est mystère, qui savent qu'ils vivent sous la surveillance incessante d'un pouvoir occulte sans pitié pour les récalcitrants, est-il étonnant que ces malheureux restent enchaînés au char de leurs chefs, quoiqu'ils voient clairement qu'ils poursuivent une voie fatale au bien-être et au bonheur de leurs familles ?

Que bon nombre de ces hommes égarés déplorent cette position sans issue, cela ressort du langage énergique de la commission des tisserands à la main (Amalgamated Hand Loomwevers). « Nous sentons maintenant qu'il est de « notre devoir de déclarer notre conviction : Que, si le gouvernement d'une « communauté permet à d'autres autorités de faire des règlements qui affec- « tent de grands corps d'hommes dans leurs habitudes journalières, leurs « occupations et leurs propriétés ; d'attacher à l'infraction de ces règlements

« des pénalités qui s'élèvent, par degrés de souffrances, depuis une simple
« insulte jusqu'à l'exténuation par la faim et la mort, et de procéder en corps
« organisés et en plein jour à l'infliction de ces peines, ce gouvernement a
« abdiqué ses fonctions en ce qui concerne ceux de ses sujets qu'il a sou-
« mis à leurs concitoyens qui se sont constitués ses rivaux.

« Quand on nous dit qu'à Glasgow la puissance des coalitions est irrésis-
« tible, et qu'on ne songerait pas plus à y résister qu'aux gardes de la Reine ;
« quand on nous dit que celui qui viole leurs règles à Dublin ne peut pas
« considérer sa vie comme en sûreté pour un seul jour, il est évident que,
« dans ces cités, le pouvoir qui gouverne, en ce qui concerne la population
« ouvrière, n'est pas l'État, la loi qui prévaut n'est pas la loi du pays, et les
« pénalités le plus à craindre ne sont pas celles qui sont infligées par la
« légalité exécutive (1) (page 113). »

C'est le socialisme avec son hideux despotisme exercé par les ouvriers
d'élite à leur profit, et à l'exclusion de la masse de leurs camarades faibles,
infirmes et âgés ou incapables, qui sont rayés de leurs cadres ou n'y sont
pas admis, et qui vont grossir les rangs des ouvriers médiocres, qui sont les
plus à plaindre !

Ce sont les anciennes jurandes et maîtrises ressuscitées au nom de la
liberté, et plus tyranniques que n'ont jamais été leurs devancières.

Quelle est la législation qui a permis un pareil état de choses ?

Il existe le droit commun et des lois spéciales.

Le droit commun punit très-sévèrement les coalitions sous la dénomina-
tion de conspirations ; il permet aux ouvriers de se réunir, de se consulter et
de s'entendre sur les heures de travail et les salaires.

Toutes autres conventions ou coalitions au préjudice de tierces personnes
sont punissables. Il paraît que les peines excessives de la loi commune contre
les délits de coalition ou conspiration (Conspiracy) sont rarement appliquées
à cause de leur sévérité.

La loi spéciale qui est en vigueur (22 Vict. c. 34) permet la tentative de
persuader à d'autres de cesser ou de s'abstenir de leur travail, afin d'obtenir
le salaire ou la modification des heures de travail, pourvu que les moyens de
persuasion soient paisibles et raisonnables, et qu'on s'en serve sans menaces
et sans intimidation directe ou indirecte.

La législation anglaise se rapproche tellement du projet de loi présenté

____

(1) Traduction littérale.

par le Gouvernement que l'adoption de celui-ci assurerait presque infailliblement des résultats semblables à la France.

———◆———

Les quarante années d'expérience faites par l'Angleterre ont résolu la question en fait, au point de vue économique et pratique, de façon à ne laisser aucun doute possible aux esprits sincères sur les graves inconvénients, sinon sur les dangers qu'entraîne après elle la liberté de coalition. Reste la question de principe invoquée par quelques personnes bien intentionnées et mues par des sentiments humanitaires, lesquelles réclament en faveur des ouvriers, et comme un *droit naturel*, la faculté de s'entendre sur leurs intérêts communs.

Malheureusement, il serait difficile de se bien entendre sans se voir, et sans discuter, et partant, sans réunion.

Or, la réunion est défendue par la législation, et ne saurait avoir lieu qu'avec une autorisation spéciale.

L'autorité ne pourra toutefois refuser la faculté d'exercer un droit que la loi veut accorder, et elle ne pourra se dispenser de s'immiscer dans chaque débat d'intérêt, afin de s'éclairer sur la question en litige, avant d'obtempérer à une demande qui devra être fondée sur un semblant de justice pour être agréée.

Dès lors, il devient beaucoup plus simple d'inscrire le droit de réunion dans la loi à la suite du droit d'entente ou de concert pour régler des intérêts communs, et si ces intérêts n'étaient pas de nature contentieuse, ce droit additionnel pourrait se concilier avec la législation en vigueur.

Comme, au contraire, il s'agit d'intérêts diamétralemen topposés à ceux des patrons, et dont la discussion irritante devra avoir du retentissement au dehors, la concession du droit de réunion serait une innovation dans nos codes.

Avant d'octroyer de pareilles libertés, il convient d'examiner les titres de la classe ouvrière à cette insigne faveur, et de voir si le but qu'on se propose de leur faire atteindre peut légitimer les mesures extra-légales auxquelles il faudrait avoir recours.

Sous le régime actuel le droit de réunion n'appartient à aucun corps délibérant non constitué par le Gouvernement, ni à aucune classe de la société, sauf pour cause d'intérêts pécuniaires, d'instruction, de religion ou de récréation.

Les réunions électorales, qui font exception, sont limitées pour la durée, et réglementées pour les formes par le Gouvernement, et dirigées et surveillées par l'administration.

Dans les réunions ordinaires on ne discute aucune question qui puisse porter atteinte aux droits ou aux intérêts d'autrui, et bien moins encore qui puisse avoir trait aux attributions du Gouvernement.

On y assiste passivement à des rapports de comptes, à des cours, à la célébration du culte, à des cérémonies, à des spectacles, et on n'y prend part en général qu'en silence.

Telle est la portée des réunions tolérées par le Gouvernement; et encore, tout inoffensive qu'elle est, l'ordre est toujours maintenu par une surveillance invisible.

En présence du projet de loi, on se demande si le Gouvernement juge que le moment est venu d'inaugurer une ère de plus grande liberté, et en ce cas si son intention est d'en faire faire la première épreuve par les classes laborieuses.

Il semblerait plus rationnel de commencer l'émancipation par les classes éclairées que d'initier à l'entraînante discussion des questions d'intérêts opposés des ouvriers, qui sont avant tout des hommes d'action qui raisonnent peu, et se laissent aller à la première impulsion.

L'octroi d'une nouvelle liberté présente toujours quelques périls. Il est rare que les nouveaux émancipés n'outrepassent pas leurs droits dans la première ivresse de leur jouissance, et lorsque les bénéficiaires sont des ouvriers livrés sans frein à la discussion d'intérêts irritants et mal compris, on peut craindre, sans mériter le reproche de timidité, de les voir se lancer dans des excès.

Le but seul pourrait justifier la concession de moyens aussi extraordinaires; et ce but, qui devrait être l'amélioration du sort des travailleurs, n'a jamais été atteint dans un pays voisin, où aucune liberté ne leur a manqué.

L'émancipation des ouvriers français, avec les institutions actuelles, serait une choquante anomalie. En affranchissant les classes ignorantes de préférence aux classes instruites, et en les dotant du droit de se réunir pour discuter et lancer des manifestations contre leurs chefs naturels, le Gouvernement leur reconnaîtrait une aptitude à se conduire et une sagesse supérieures à celles de leurs concitoyens.

Il renierait l'espèce de tutelle à laquelle il les a assujettis jusqu'à ce jour par les lois sur le travail dans les manufactures, lois qui assurent l'enseignement primaire aux enfants, et qui protégent les parents comme les enfants contre un excès de labeur, en limitant les heures de travail.

Mineurs de la veille, ils seraient appelés les premiers, et seuls, à jouir de la liberté de délibérer en commun, et, sous l'égide de l'intérêt personnel, de s'attaquer aux intérêts non moins respectables de leurs patrons et de leurs camarades non affiliés, en provoquant des chômages funestes à tous.

Non! en principe les ouvriers ne peuvent pas prétendre à un droit exclusif de réunion, qui serait un privilége; et sans ce droit ils ne pourraient s'entendre librement.

En fait, l'expérience prouve qu'ils ont beaucoup à perdre, et rien à gagner aux coalitions.

D'un autre côté les patrons repoussent la loi comme un ferment de discorde entre eux et leurs ouvriers.

A tout ce qui précède on peut répondre :

Que le Gouvernement est suffisamment armé contre les coalitions, en ce qui concerne les réunions d'ouvriers et les caisses fondées en vue du chômage, par la loi sur les réunions et par celle qui régit les caisses de secours mutuels.

Soit; mais, alors, à quoi bon armer les ouvriers contre les patrons et les patrons contre les ouvriers, sauf à avoir recours à l'intervention armée du Gouvernement; tandis qu'on peut, par l'adoption des *modifications proposées dans cette brochure*, restreindre la coalition à l'atelier, et en régler les conditions par la loi; autrement il faudra se rallier à l'appréciation de M. Prevost-Paradol lorsqu'il dit (1) :

« 1° Il pourra y avoir des coalitions lorsque le Gouvernement les « autorisera.

« 2° Elles seront impunies lorsqu'il plaira aux tribunaux de ne les « frapper d'aucune peine. »

---

(1) *Journal des Débats* du 27 mars 1864.

Paris, imp. Paul Dupont, rue de Grenelle-Saint-Honoré. 45. (1155.4)